Meine kreative KEKSWERKSTATT

Bibliografische Information der Deutschen Bibliothek

Die Deutsche Bibliothek verzeichnet diese Publikation in der deutschen Nationalbibliografie.

Detaillierte bibliografische Daten sind im Internet über http://www.d-nb.de/ abrufbar.

EIN BUCH DER EDITION MICHAEL FISCHER

2 Auflage 2016

Produktmanagement und Lektorat: Annika Christof
Covergestaltung: Silvia Keller
Layout: Verena Raith
Satz: Bernadett Linseisen
Fotos: Jennifer Friedrich, außer Autorenfoto S. 96: Thomas Schmitfranz (www.tommys-fotowelten.de)
Gestaltung der Kopiervorlagen: Jennifer Friedrich

ISBN 978-3-86355-388-3

Printed in Slovakia

www.emf-verlag.de

Meine kreative
KEKSWERKSTATT

Mehr als 40 Rezepte zum Backen und Verzieren

Jennifer Friedrich

EMF
EIN BUCH DER
EDITION MICHAEL FISCHER

Inhalt

Vorwort

Seit ich denken kann, bin ich den zuckersüßen Dingen dieser Welt verfallen. Und so kann ich auch Keksen einfach nicht widerstehen. Ich liebe sie! Kekse kann ich zu jeder Tageszeit knuspern – umso schöner, wenn diese auch noch selbst gebacken sind. Mit diesem Buch lade ich dich in meine kreative Kekswerkstatt ein. Schnapp dir eine Schürze und los geht's!

Kekse machen das Leben einfach süßer! Zum Kaffee oder als kleines Keks-Glück zwischendurch. Mit diesem Buch möchte ich Lust darauf machen, Kekse auch außerhalb von Weihnachten zu backen. Lass dich von diesem Buch überraschen. Früchte, Nüsse, Gewürze & Schokolade vereinen sich zu neuen Keks-Kreationen. Highlights wie Rosmarin-Zitronen-Shortbread oder Paranuss-Plätzchen mit Fleur de Sel und verlockender Feige. Wer kann da schon Nein sagen?

Dieses Buch garantiert Keks-Glück das ganze Jahr über! Angefangen bei Frühlingskeksen mit frischem Rhabarber über sommerliche Plätzchen mit Lavendel oder Pfirsich bis hin zu Chai-Tee-Keksen für gemütliche Herbsttage. Aber auch Schokoschnuten erwartet der reinste Schokohimmel. Wie wäre es vielleicht mit einem Dark Chocolate Cookie inklusive umwerfend knackigem Schokoladenkrönchen? Außergewöhnliche Zutaten wie Matcha-Tee oder Tonkabohne, die Kombination mit Gewürzen wie Rosmarin sowie die Verwendung von alternativen Mehl- und Zuckersorten bieten eine neue Art des Keks-Genusses. Oder hast du schon einmal einen Keks mit echten Blüten gegessen?

Darüber hinaus zeige ich, wie aus selbst gebackenen Keksen kleine Kunstwerke entstehen – mit wunderbaren Verziertechniken. Und um das Keks-Glück perfekt zu machen, findest du am Ende des Buchs wunderhübsche Anregungen, um deine Keks-Kreationen kreativ zu verpacken. Mit Schleifenband, Papier & Co. zauberst du im Handumdrehen die schönsten Verpackungen für deine Lieben.

Nun wünsche ich dir ganz viel Spaß beim Backen und Genießen.

Und jetzt wird losgeknuspert!

Jenni

Küchenhelfer

Nudelholz

Das gute alte Nudelholz – ein unentbehrlicher Helfer beim Plätzchenbacken. Mittlerweile bin ich auf einen Ausrollstab aus Edelstahl umgestiegen, daran bleibt der Teig nicht so sehr kleben und er ist schön schwer. Das hilft beim Ausrollen des Teigs. Auch Kunststoff-Ausrollstäbe sind zu empfehlen. Zudem sind beide Varianten sehr gut zu reinigen.

Küchenwaage

Ich arbeite mit einer digitalen Waage, da diese exakte Angaben macht. Dies ist vor allem bei Macarons hilfreich und wichtig, da es hierbei auf jedes Gramm ankommt. Bei allen anderen Rezepten kannst du auch mit einer normalen Waage arbeiten.

Ausstechformen

Die im Buch verwendeten Formen sind als Idee zu sehen. Hier kannst du nach Herzenslust deine Lieblingsformen verwenden. Anstatt runder Ausstecher kannst du auch ein Glas zur Hilfe nehmen. Dafür den Rand zwischendurch in Mehl tauchen. Für besondere Formen findest du am Ende des Buchs Kopiervorlagen, die du auf den Teig legen und mit einem Messer ausschneiden kannst.

Ausrollhölzer

Ausrollhölzer sind eine wunderbare Hilfe, damit Kekse eine gleichmäßige Stärke erhalten und somit beim Backen gleichzeitig fertig sind. Für die meisten Rezepte im Buch habe ich 3 oder 5 mm dicke Hölzer verwendet.

Silikon-Ausrollstab

Wenn man Fondant ausrollen möchte, gelingt dies am besten auf einer Silikonmatte mit einem Silikon-Ausrollstab. Dank der Antihaftbeschichtung klappt das Ausrollen problemlos, ohne dass Fondant, Marzipan & Co. daran hängen bleiben. Du kannst den Ausrollstab auch wunderbar zum Teigausrollen verwenden.

Spritzbeutel und Tüllen

Zum Verzieren von Keksen benötigt man einen Spritzbeutel sowie Tüllen in unterschiedlichen Größen. Für Konturen empfehlen sich Tüllen der Größe 1 und 2, zum Ausfüllen Tüllen der Größe 5. Eine französische Tülle ist sehr hübsch für formschöne Baisers. Für Schokoladenglasuren eignen sich am besten Einweg-Spritzbeutel.

Weitere Helfer erleichtern das Backglück

Backblech und Backpapier, eine Rührschüssel, ein Handrührgerät mit Knethaken und Rührbesen, ein kleines Messer zum Ausschneiden von Keksformen, ein Küchenthermometer, ein Kurzzeitwecker sowie ein kleiner Spatel oder Zahnstocher zum Glattstreichen von Royal Icing.

Grundzutaten

Butter

Ich verwende zum Backen am liebsten Butter. Ich empfinde diese Kekse als besser im Geschmack. Als vegane Alternative kann man jedoch Margarine verwenden. Seit einiger Zeit gibt es auch vegane Butter, die im Geschmack der Butter ähnelt und eine ähnlich feste Konsistenz besitzt.

Zucker

Manche Rezepte verwenden spannende neue Zuckersorten, die den Keksen eine ganz besondere Note verleihen. Falls diese nicht zur Hand sind, kann man die Menge einfach durch normalen Zucker ersetzen. Wiederum kann Kristallzucker auch z. B. durch Kokosblütenzucker 1:1 ersetzt werden. Diese Alternative eignet sich besonders gut, da sie von der Konsistenz dem Zucker am nächsten ist. Falls man Honig oder Ahornsirup verwenden möchte, muss die zusätzliche Flüssigkeit im Teig ausgeglichen werden. Ist Puderzucker gefordert, sollte man sich allerdings daran halten, da dieser eine besonders feine Konsistenz hat, die für das Gelingen von beispielsweise Macarons oder die Herstellung von Icings erforderlich ist.

Mehl

Wenn nichts anders angegeben ist, wird Weizenmehl Typ 405 verwendet. Alle Rezepte lassen sich aber auch wunderbar mit alternativen Mehlsorten, wie z. B. Dinkelmehl, abwandeln. Ich verwende besonders gerne Dinkelmehl, denn es hat viel mehr Nährstoffe als Weizenmehl. Im Buch finden sich auch Rezepte mit Vollkornmehl; dieses ist trockener und benötigt gegebenenfalls mehr Flüssigkeit im Teig, was man z. B. wunderbar durch Honig ausgleichen kann.

Nüsse, Früchte und Gewürze

Keksteige kann man wunderbar mit allerhand Zutaten verfeinern. Sei es mit Nüssen (ob gemahlen, gehackt, pur oder geröstet) oder Früchten (frisch oder getrocknet). Aber auch Zitronenschale oder Gewürze wie Zimt, Kardamom & Co. verfeinern jeden Keks.

Eier

Ich verwende am liebsten Eier vom Bauern nebenan, sozusagen mit Herkunftsgarantie. Bei Bio-Eiern aus dem Supermarkt sollte man darauf achten, dass diese die Prüfnummer 0 tragen und aus Deutschland kommen. Falls du mal kein Ei zur Hand hast, kannst du dieses auch durch einen Schuss Sojamilch ersetzen oder bei normalen Mürbeteigen auch weglassen.

Salz

Eine Prise Salz kitzelt die Süße in den Keksen heraus und unterstützt den Geschmack.

Vanilleschote

Ein besonderes Aroma verleiht die Vanilleschote. Für eine normale Teigmenge reicht meist schon das Mark einer halben Vanilleschote. Dazu die Vanilleschote mit einem Messer längs aufschneiden und das Mark herauskratzen. Die übriggebliebenen Vanilleschoten gebe ich mit Zucker in eine luftdichte Dose, so erhält man seinen eigenen Vanillezucker.

Kuvertüre & Kakaopulver

Zum Backen und Verzieren verwende ich Kuvertüre; diese ist vom Geschmack und den Inhaltsstoffen reiner als Tafel-Schokolade. Durch den erhöhten Fettgehalt ist sie dünnflüssiger und somit leichter zu verarbeiten. Wie Kuvertüre geschmolzen wird, sodass diese schön glänzt und eben nicht matt und grau wird, erkläre ich auf S. 22. Zum Backen eignet sich am besten Backkakao; dieser enthält keinen hinzugefügten Zucker wie herkömmlicher Trinkkakao und schmeckt sehr intensiv nach Schokolade.

Grundrezepte

MÜRBETEIG

Das Grundrezept für unendlichen Keksgenuss. Vanille, Zimt und Zitrone geben die perfekte Note.

Zutaten

Für ca. 20 Stück:

300 g Mehl

100 g Zucker

1 Prise Salz

2 Eigelb

200 g kalte Butter

Das Mehl auf die Arbeitsplatte sieben und in die Mitte eine Mulde drücken. In diese den Zucker und das Salz geben und mit dem Eigelb vermengen. Die Butter in kleine Würfel schneiden und auf dem Rand verteilen. Alles gut mit einem Messer durchhacken, damit der Teig nicht zu schnell erwärmt wird. Dann mit den Händen zu einem glatten Teig verkneten. Den Teig flachdrücken und mit Frischhaltefolie abgedeckt mindestens 1 Stunde im Kühlschrank ruhen lassen. Den Ofen auf 175 °C (Ober-/Unterhitze) vorheizen. Den Teig auf einer bemehlten Arbeitsfläche 3 mm dick ausrollen und ausstechen. Auf ein mit Backpapier belegtes Backblech legen und anschließend etwa 10 Minuten backen. Aus dem Ofen nehmen und auf einem Kuchengitter auskühlen lassen.

Tipp

Zutaten zum Verfeinern:

½ TL Zimt

½ TL Kardamom

Mark einer halben Vanilleschote

frisch geriebene Schale einer halben Bio-Zitrone

50 g Mehl durch gemahlene Nüsse ersetzen

1 Handvoll Nüsse oder Früchte unterkneten

Vegan

Zutaten

Für ca. 20 Stück:

300 g Mehl

40 g gemahlene Mandeln (oder durch Mehl ersetzen)

75 g Rohrzucker

2 EL Sojamilch

1 Prise Salz

165 g vegane Butter oder Margarine

Glutenfrei

Zutaten

Für ca. 20 Stück:

250 g Speisestärke

150 g Maismehl

80 g Zucker

1 Prise Salz

1 Ei

200 g kalte Butter

Die Backzeit verlängert sich um etwa 5 Minuten.

Vollkorn

Zutaten

Für ca. 20 Stück:

250 g Vollkornmehl

50 g gemahlene Mandeln (oder Mehl)

70 g Rohrzucker

1 Prise Salz

1 Ei

1 Eigelb

150 g kalte Butter

Die Backzeit verlängert sich um etwa 5 Minuten.

Ohne raffinierten Zucker und Butter

Zutaten

Für ca. 20 Stück:

120 g Kokosöl

250 g Mehl

80 g Kokosblütenzucker

3 TL Honig

1 Prise Salz

2 Eigelb

Das Kokosöl erwärmen, bis es flüssig wird, und mit den restlichen Zutaten verkneten. Weitere Zubereitung wie links im Grundrezept beschrieben. Da das Kokosöl sich im Kühlschrank wieder festigt, wird der Teig etwas härter, daher sollte der Teig vorm Ausrollen gut durchgeknetet werden.

Grundrezept ZUCKERGUSS-ICING

Mit diesem einfachen und blitzschnellen Rezept entsteht im Handumdrehen eine vegane Variante zu Royal Icing, die ganz ohne Eiweiß auskommt.

Zutaten

Für ca. 40 Kekse (z. B. S. 72 Nussplätzchen):

250 g Puderzucker

30 ml kochendes Wasser

2 EL Zitronensaft

Lebensmittelfarbe (Paste oder Pulver), nach Belieben

Den Puderzucker in eine Schüssel sieben. Das Wasser mit dem Zitronensaft zum Zucker geben und mit dem Schneebesen des Handrührgeräts mixen, bis das Icing eine glänzend cremige Konsistenz hat. Nach Belieben mit Lebensmittelpaste einfärben. Dazu etwas Lebensmittelpaste (vorsichtig dosieren, sie ist sehr ergiebig!) gleichmäßig unter die Masse rühren.

Grundrezept

ROYAL ICING

Mit Royal Icing kann man die wunderschönsten Keksverzierungen zaubern. Ein gelingsicheres Rezept mit einer Schritt-für-Schritt-Anleitung auf den folgenden Seiten.

Zutaten

Für ca. 30 Kekse:

2 frische Eiweiß (Größe M)

400 g Puderzucker

2 EL Zitronensaft

ggf. etwas Wasser

Lebensmittelpaste, nach Belieben

Das Eiweiß kurz in einer Schüssel mit dem Schneebesen des Handrührgeräts anschlagen, den gesiebten Puderzucker nach und nach vorsichtig unterrühren. Den Zitronensaft hinzugeben und 10 Minuten auf kleinster Stufe zu einer glänzend-cremigen Masse rühren.

Die Masse sollte relativ fest sein und beim Herausziehen des Schneebesens Spitzen bilden, die sich nach kurzer Zeit zur Seite neigen. Ist das Icing zu flüssig, löffelweise Puderzucker hinzufügen und weitere 2 Minuten lang rühren. Ist das Icing zu dick, tröpfchenweise Wasser hinzugeben und ebenfalls 2 Minuten lang rühren.

Nach Belieben mit Lebensmittelpaste einfärben. Dazu etwas Lebensmittelpaste (vorsichtig dosieren, sie ist sehr ergiebig!) gleichmäßig unter die Masse rühren.

Für die Kontur ist diese Masse perfekt. Etwa ¼ des Icings abnehmen, in eine Schüssel geben, Frischhaltefolie auf die Masse legen und gut abdecken. Für die Ausfüllglasur der restlichen Masse ein paar Tropfen Wasser hinzugeben und weitere 2 Minuten rühren.

Die fertige Glasur mit Plastikfolie abdecken (direkt auf die Masse) und im Kühlschrank aufbewahren, damit sie bis zur Verwendung nicht eintrocknet.

Royal Icing
VERZIERTECHNIK

Hier erfährst du Tipps und Tricks für perfekt verzierte Kekse mit Royal Icing. Und mit ein wenig Übung wird jeder zum Kekskünstler.

Vorbereitung:

Das Icing für die Kontur in einen Spritzbeutel mit einer Tülle (für größere Kekse der Größe 2/3) geben. Eventuelle Luftblasen vorsichtig nach oben herauskneten und das Ende mit einem Gummiband verschließen. Am besten hält man den Spritzbeutel in einem 45 °-Winkel. Es ist wichtig, die Tülle nicht auf den Keks zu setzen, sondern einen kleinen Abstand von etwa 1 cm zu halten. Somit lassen sich Rundungen besser formen. Hier zählt nur: Übung macht den Meister! Ich empfehle, ein paar Rundungen auf der Arbeitsplatte zu ziehen, um ein Gefühl für die Konturenführung zu bekommen.

Los geht's:

Als Erstes die Konturen mit der dickeren Konturenglasur nachziehen. Die Kontur für etwa 15 Minuten trocknen lassen. **(1)** Wenn du die Konturenoptik nicht magst, kannst du die Fläche direkt ausfüllen. Dazu einen weiteren Spritzbeutel mit einer Tülle der Größe 5 und der Ausfüllglasur füllen. Ebenfalls das Ende mit einem Gummiband verschließen. Anschließend den Keks mit der Ausfüllglasur ausfüllen. **(2)** Ggf. mit einem Zahnstocher oder einem kleinen Spachtel nacharbeiten, um das Icing zu verteilen und kleine Luftbläschen zu entfernen. **(3)**

Wer noch weitere Verzierungen auf dem Icing anwenden möchte, sollte die erste Schicht am besten über Nacht trocknen lassen, sodass sich die Farben nicht miteinander vermischen, außer es ist gewünscht, wie beispielsweise bei einem Punktemuster (siehe S. 64).

Das Icing sollte mindestens 24 Stunden trocknen, bevor die Kekse verpackt werden.

Tipps:

Stelle den Spritzbeutel zum Befüllen in ein Glas. Wenn die Hand zu zittrig ist, den Ellenbogen auf die Arbeitsplatte abstützen.

Anfängern empfehle ich, nicht zu kleine Ausstecher und einfache Formen zu verwenden.

Aufbewahrung:

Lass das Icing 24 Stunden trocknen, bevor du die Kekse verpackst. Wenn du die Kekse in einer Box übereinander gelegt lagerst, solltest du zwischen die einzelnen Lagen unbedingt Pergamentpapier legen.

Feinster KEKSGENUSS

Früchte, Nüsse, Gewürze und Schokolade vereinen sich zu neuen Kekskreationen. Granatapfelkekse, Dark Chocolate Cookies, Paranuss-Plätzchen mit Fleur de Sel und feinste Macarons – wer kann da schon widerstehen? Auf den folgenden Seite findest du Rezepte für die ganz große Knusperliebe zur Teatime, zum Kaffeeklatsch mit Freundinnen oder als kleines Keksglück zwischendurch.

Rhabarber**KEKSE**

Hallo Frühling! Die süßsauren Rhabarberstreifen harmonieren wunderbar mit den samtigen Mandeln. Abgerundet mit einem Hauch von Tonkabohne – einfach himmlisch.

Zutaten

Für ca. 20 Stück:

Für den Teig:

220 g Mehl

100 g gemahlene Mandeln (ohne Haut)

2 gehäufte TL Speisestärke

½ TL Salz

170 g weiche Butter

100 g Rohrohrzucker

2 Eier

Mark einer halben Vanilleschote

Für den Belag:

500 g Rhabarber

3 EL Zucker

1 Tonkabohne

Mehl, gemahlene Mandeln, Speisestärke und Salz in eine Schüssel geben und miteinander vermischen.

Die Butter mit dem Zucker in einer Rührschüssel mit dem Schneebesen des Handrührgeräts 4 Minuten schaumig rühren. Die Eier und das Vanilleschotenmark hinzugeben und gut miteinander verrühren. Zum Schluss die Mehlmischung auf kleinster Stufe langsam unterheben. Für 2 Stunden mit Frischhaltefolie abgedeckt in den Kühlschrank stellen.

In der Zwischenzeit den Rhabarber waschen und putzen. In etwa 4 cm lange und 1–2 cm breite Streifen schneiden. Bei dicken Stangen kann man diese einfach längs durchschneiden. Zucker in einem Topf karamellisieren lassen und den Rhabarber mit der Tonkabohne darin wenden, bis sich der Zucker gelöst hat. Zum Auskühlen beiseitestellen. Die Tonkabohne nach dem Abkühlen entfernen.

Den Backofen auf 170 °C (Ober-/Unterhitze) vorheizen. Den Teig auf einer bemehlten Arbeitsfläche 5 mm dünn ausrollen und in etwa 5 x 4 cm große Rechtecke schneiden. Die Rechtecke auf das mit Backpapier belegte Backblech legen und etwa 8–12 Minuten goldbraun backen. Aus dem Ofen nehmen und auf dem Blech kurz auskühlen lassen. Anschließend auf ein Kuchengitter heben, auf jeden Keks 2–3 Rhabarberstreifen legen und abkühlen lassen.

Die Kekse am besten frisch genießen; im Kühlschrank aufbewahrt halten sie sich etwa 1 Woche lang.

Dark Chocolate KISSES

Ein unglaublich zartes Plätzchen mit einem umwerfend knackigen Schokokrönchen – das lässt nicht nur Schokoschnuten in den siebten Himmel schweben!

Zutaten

Für ca. 40 Stück:

40 g Mehl

140 g Speisestärke

¼ TL Zimt

40 g Puderzucker

25 g Kakaopulver

Mark einer halben Vanilleschote

130 g kalte Butter

4 TL Kakaobohnensplitter

100 g Zartbitterkuvertüre

Das Mehl mit Speisestärke, Zimt, Puderzucker, Kakaopulver und Vanilleschotenmark in eine Schüssel geben und vermischen. Die Butter in kleine Stücke schneiden und mit den Kakaobohnensplittern hinzugeben. Erst mit den Knethaken eines Handrührgeräts, anschließend mit den Händen zu einem glatten Teig verkneten.

Den Backofen auf 175 °C (Ober-/Unterhitze) vorheizen. Aus dem Teig haselnussgroße Kugeln formen und diese auf ein mit Backpapier belegtes Backblech legen. Mit dem Ende eines Kochlöffels vorsichtig eine kleine Mulde in die Mitte der Kugeln drücken und ca. 12–15 Minuten backen. Aus dem Ofen nehmen, kurz auf dem Backblech abkühlen und auf einem Kuchengitter vollständig auskühlen lassen.

In der Zwischenzeit die Kuvertüre schmelzen und gemäß der untenstehenden Anleitung temperieren. Anschließend in einen Einwegspritzbeutel geben, die Spitze abschneiden und kleine Tropfen in die Mulden drücken. Trocknen lassen.

Kuvertüre temperieren:
Einen kleinen Topf mit etwas Wasser zum Kochen bringen, die Kuvertüre grob hacken, ¼ davon beiseitelegen. Die restliche Kuvertüre in eine Aluminiumschüssel geben. Die Schüssel auf den Topf stellen und die Kuvertüre unter ständigem Rühren zum Schmelzen bringen (40–45 °C). Die Schüssel vom Topf nehmen, die restliche Kuvertüre hinzugeben und unter ständigem Rühren auf 27 °C abkühlen lassen. Erneut auf den Topf stellen und auf 31 bis max. 34 °C erhitzen. Die Schüssel vom Topf nehmen und etwas abkühlen lassen.

Mit diesem Verfahren erhält man eine glänzende Kuvertüre mit einem zart schmelzenden Charakter.

Macarons

Mit der exakten Zubereitung nach Rezept und mit ein wenig Glück hüpfen die kleinen Schönheiten wie von selbst vom Blech. Und welche Füllung darf es sein? Lieber fruchtig-cremig oder kräftig-schokoladig?

Zutaten

Für ca. 30 Stück:

90 g gemahlene Mandeln (ohne Haut)

150 g Puderzucker

72 g gekühltes Eiweiß

1 Prise Salz

20 g Zucker

Lebensmittelfarbe (Pulver oder Paste)

Hinweis:

Ganz wichtig ist das genaue Abmessen der Zutaten!

Ein Backblech mit Backpapier belegen und mit Abstand etwa 3 cm große Kreise aufmalen. Einen Spritzbeutel mit großer Lochtülle bereitlegen.

Die Mandeln mit dem Puderzucker vermischen und in einem Mixer oder einer Kaffeemühle ganz fein zu einer puderähnlichen Textur mahlen. Zweimal durch ein Sieb passieren, Reste erneut mahlen und passieren.

Das Eiweiß mit einer Prise Salz mit dem Schneebesen eines Handrührgeräts steif schlagen. Den Zucker langsam einrieseln lassen und auf niedriger Stufe weiterrühren. Wenn die Masse glänzend weiß ist, die Lebensmittelfarbe hinzufügen (vorsichtig dosieren!) und verrühren.

Anschließend in zwei Schritten die Mandel-Puderzucker-Mischung mit einem Kochlöffel unterheben. Der Teig sollte vom Löffel fließen, also nicht zu flüssig und nicht zu fest sein.

Den Teig in den vorbereiteten Spritzbeutel füllen und gleich große Kleckse auf das Backblech setzen. Zum Glätten der Oberfläche mit der Hand von unten gegen das Backblech klopfen. 20 Minuten ruhen lassen.

Den Ofen auf 140 °C (Umluft) vorheizen. Die Macarons auf der mittleren Schiene etwa 12–15 Minuten backen. Die Backzeit variiert je nach Ofen, sie dürfen sich nicht braun färben. Aus dem Ofen nehmen, mit dem Backpapier vorsichtig auf die Arbeitsfläche ziehen und gut abkühlen lassen.

Die Macarons vorsichtig vom Backpapier lösen und nach Belieben füllen. Dazu die Füllung mit einem Spritzbeutel (z. B. mit französischer Tülle) auf eine Unterseite spritzen und eine weitere Macaron-Schale darauf setzen.

Kaffee-GANACHE

Zutaten

100 g Sahne

100 g grob gehackte Zartbitterschokolade

1 Tonkabohne

1 TL Espressopulver

Die Sahne in einen kleinen Topf geben und kurz erhitzen. Die gehackte Schokolade und die Tonkabohne hinzugeben und auf kleiner Flamme unter ständigem Rühren schmelzen, bis eine homogene Masse entsteht. Die Tonkabohne herausnehmen und das Espressopulver unterrühren. Die Ganache abdecken und etwa 30 Minuten abkühlen lassen. Erneut mit einem Schneebesen aufschlagen.

Macarons mit Kaffee-Ganache halten sich in einer Metalldose aufbewahrt 1 Woche.

Fruchtige CREMEFÜLLUNG

Zutaten

60 g Obst, z. B. Himbeeren

100 g Frischkäse

100 g Mascarpone

1 Msp. Vanilleschotenmark

50 g Puderzucker

Die Himbeeren durch ein Sieb passieren und das Püree auffangen. Den Frischkäse mit Mascarpone und Vanilleschotenmark kurz aufschlagen. Puderzucker sieben und mit dem Obstpüree der Frischkäse-Mascarpone-Mischung unterheben.

Macarons mit Cremefüllung am besten sofort genießen, da die Füllung schnell durchweicht.

Tipp

Die Schalen mit geschmolzener Schokolade bestreichen und trocknen lassen; so weicht die Füllung nicht so schnell durch.

Granatapfel TALER

Feinste Plätzchen, die auf der Zunge zergehen, gefüllt mit kleinen Fruchtbomben für den Überraschungseffekt.

Zutaten

Für ca. 36 Stück:

280 g Mehl
80 g Speisestärke
50 g gemahlene Haselnüsse
250 g weiche Butter
80 g Puderzucker
1 Prise Salz
Mark einer Vanilleschote
1 Ei
1 Granatapfel

Das Mehl mit der Speisestärke und den gemahlenen Haselnüssen in eine Schüssel geben und vermischen. Butter, Puderzucker, Salz und Vanilleschotenmark mit dem Schneebesen eines Handrührgeräts verrühren. Das Ei hinzugeben und unterrühren. Die Mehlmischung hinzufügen und das Ganze mit den Knethaken und anschließend mit den Händen zu einem glatten Teig verkneten. Etwa 3 Stunden mit Frischhaltefolie abgedeckt kalt stellen.

Den Granatapfel entkernen und die Kerne auf einem Küchentuch etwas trockentupfen. Den Backofen auf 175 °C (Ober-/Unterhitze) vorheizen.

Den Teig zu walnussgroßen Kugeln formen und jeweils 6–8 Granatapfelkerne unter den Teig kneten. Die Kugeln auf ein Backblech mit 2 Lagen Backpapier legen und etwas flachdrücken. In jeden Keks 3–4 Granatapfelkerne drücken und etwa 20 Minuten backen.

Tipp

Zum sauberen Entkernen des Granatapfels diesen in eine Schüssel mit kaltem Wasser legen, darin zerbrechen und die Kerne herauslösen.

Haselnuss-
RICCIARELLI

Diese Ricciarelli mit feinen Haselnüssen sind ganz schnell weggeknuspert. Versprochen!

Zutaten

Für ca. 40 Stück:

2 frische Eiweiß

1 Prise Salz

150 g Puderzucker

125 g gemahlene Mandeln (ohne Haut)

125 gemahlene Haselnüsse

½ Fläschchen Bittermandelaroma

2 EL Puderzucker zum Bestäuben

Eiweiß und Salz mit dem Schneebesen des Handrührgeräts kurz anschlagen. Den Puderzucker hinzusieben und unterheben. Mandeln, Haselnüsse und Aroma hinzufügen und gut verrühren. Den Teig 1 Stunde mit Frischhaltefolie abgedeckt kalt stellen.

Den Teig zwischen Frischhaltefolie 10 mm dick ausrollen und in etwa 3 x 6 cm große Rauten schneiden. Mindestens 5 Stunden in den Kühlschrank stellen.

Den Ofen auf 150 °C (Ober-/Unterhitze) vorheizen. Die Ricciarelli auf einem mit Backpapier belegten Backblech verteilen, mit Puderzucker bestäuben und etwa 15–20 Minuten backen. Ricciarelli aus dem Ofen nehmen und auf dem Blech auskühlen lassen.

Tipp

Die Ricciarelli kann man wunderbar abends vorbereiten und über Nacht im Kühlschrank ziehen lassen. Am nächsten Morgen backen.

Pfirsich-
MINI-PIES

Eine perfekte Symbiose aus sündig-süßen Pfirsichen und traumhaft-aromatischen Pinienkernen bringen dich direkt in den siebten Keks-Himmel.

Zutaten

Für ca. 30 Stück:

75 g Pinienkerne
125 g weiche Butter
80 g Rohrohrzucker
270 g Dinkelmehl
1 Prise Salz
½ TL Vanilleextrakt oder Mark einer halben Vanilleschote
40 g griechischer Joghurt
2–3 Pfirsiche (je nach Größe)
1 TL Vanillezucker
1 Eigelb
2 EL Milch

25 g Pinienkerne in einer Pfanne rösten und zum Abkühlen beiseitestellen. Die restlichen Pinienkerne in einem Mixer zu Mus verarbeiten.

Butter und Zucker mit den Knethaken des Handrührgeräts verrühren. Pinienkern-Mus, Mehl, Salz und Vanilleextrakt hinzugeben und mit dem Joghurt unterkneten. Den Teig im Kühlschrank mit Frischhaltefolie abgedeckt mindestens 3 Stunden ruhen lassen.

In der Zwischenzeit die Pfirsiche häuten, entkernen und in kleine Stücke schneiden. In einer Schüssel mit 1 Teelöffel Vanillezucker vermengen und in einer Pfanne kurz anschwenken. In ein Sieb geben, abtropfen und abkühlen lassen. Die gerösteten Pinienkerne fein hacken und untermengen.

Den Teig 3 mm dick ausrollen. Ausstechen (oder die Vorlage von S. 92 verwenden und mit einem Messer ausschneiden) und auf die Hälfte der Kekse einen kleinen Klecks Pfirsichkompott setzen. In die anderen Kekse mittig 6 kleine Schlitze schneiden und auf die Kekse mit Kompott oben auflegen. Am Rand etwas andrücken. Erneut für mindestens 1 Stunde in den Kühlschrank stellen.

Den Backofen auf 170 °C (Ober-/Unterhitze) vorheizen.

Das Eigelb mit der Milch verquirlen und die Kekse damit bepinseln. Etwa 15 Minuten goldbraun backen. Herausnehmen, kurz auf dem Blech abkühlen und anschließend auf einem Kuchengitter vollständig auskühlen lassen.

LavendelPLÄTZCHEN

Eine süße Verführung sind diese Lavendelplätzchen, die so fein nach Lavendel duften. Zum Dahinschmelzen!

Zutaten

Für ca. 40 Stück:

100 g kalte Butter

60 g Zucker

1 TL Lavendelhonig

Mark einer halben Vanilleschote

1 Prise Salz

160 g Mehl

1 Eigelb

1 TL fein gehackte, getrocknete Lavendelblüten

Die Butter mit Zucker, Honig, Vanilleschotenmark, Salz und Mehl mithilfe der Knethaken des Handrührgeräts zu Streuseln verkneten. Das Eigelb hinzugeben und zu einen glatten Teig verkneten. Die Lavendelblüten unterkneten. Den Teig etwa 2 Stunden mit Frischhaltefolie abgedeckt in den Kühlschrank stellen.

Den Backofen auf 160 °C (Ober-/Unterhitze) vorheizen. Den Teig auf einer bemehlten Arbeitsfläche noch einmal gut durchkneten, 3 mm dick ausrollen und ausstechen. Anschließend auf ein Backblech mit Backpapier legen und 8–10 Minuten auf mittlerer Schiene goldbraun backen. Die Kekse aus dem Ofen nehmen und auf einem Kuchengitter vollständig abkühlen lassen.

Red-Velvet-
BONBONS

Die rotbraune Farbe ist das Resultat einer chemischen Reaktion des Kakaos mit Buttermilch und Essig. Um den Effekt zu intensivieren, füge ich noch etwas Rote-Bete-Pulver hinzu.

Zutaten

Für ca. 80 Stück:

200 g Dinkelmehl
20 g Kakao
½ TL Backpulver
125 g weiche Butter
50 g brauner Zucker
20 g Muscovado-Zucker
1 Prise Salz
1 TL Vanilleextrakt
4 EL Buttermilch
2 TL Honig-Essig
3 TL Rote-Bete-Pulver

Das Mehl mit Kakao und Backpulver in eine Schüssel geben und gut vermischen.

Butter, Zucker, Salz und Vanilleextrakt mit den Knethaken des Handrührgeräts verrühren. Buttermilch, Honig-Essig und Rote-Bete-Pulver hinzugeben und mit der Mehlmischung langsam unterrühren. Anschließend mit den Händen zu einem glatten Teig verkneten. Etwa 3 Stunden mit Frischhaltefolie abgedeckt kalt stellen.

Den Backofen auf 175 °C (Ober-/Unterhitze) vorheizen. Den Teig auf einer leicht bemehlten Arbeitsfläche 10 mm dick ausrollen und in 2 x 4 cm große Rechtecke schneiden. Mit etwas Abstand auf ein mit Backpapier belegtes Backblech legen und etwa 15 Minuten backen.

Aus dem Ofen nehmen, kurz auf dem Backblech und anschließend auf einem Kuchengitter auskühlen lassen.

FÜR DICH.
MIT LIEBE GEBACKEN

Vollkorn-SCHOKO-BREZEL

Brezel mal anders! Die Vollkornkekse mit knackigem Schokoboden sind eine kleine Versuchung zu jeder Tageszeit.

Zutaten

Für ca. 40 Stück:

30 g zarte Haferflocken
100 g kalte Butter
125 g Vollkornmehl
95 g Mehl
1 Msp. Kardamom
1 Prise Salz
50 g Honig
10 g Kokosblütenzucker
1 Ei
125 g Zartbitterkuvertüre

Die Haferflocken mit einer Küchenmaschine oder einem Messer zerkleinern. Die Butter in kleine Stücke schneiden und in eine Rührschüssel geben. Mehl, Haferflocken, Kardamom, Salz, Honig, Zucker und Ei hinzugeben und mit den Knethaken des Handrührgeräts zu einem glatten Teig verkneten. Den Teig kurz mit den Händen durchkneten und mindestens 2 Stunden mit Frischhaltefolie abgedeckt in den Kühlschrank stellen.

Den Teig auf einer bemehlten Arbeitsfläche 5 mm dick ausrollen, ausstechen und erneut 30–60 Minuten kühlen, so behalten die Kekse beim Backen ihre Form.

Ofen auf 180 °C (Ober-/Unterhitze) vorheizen. Die Kekse auf ein mit 2 Lagen Backpapier belegtes Backblech legen und etwa 15 Minuten backen. Aus dem Ofen nehmen und vollständig abkühlen lassen.

Die Kuvertüre grob zerkleinern und schmelzen (siehe S. 22). Jede Brezel in die Kuvertüre tauchen, sodass der Boden und Rand mit Schokolade überzogen sind. Abtropfen lassen und zum Trocknen auf ein Backpapier setzen.

Tipp

Die Brezeln kann man wunderbar mit einer Pinzette in die Schokolade tauchen.

Zarte BAISERS

Baiser bedeutet auf Französisch „Kuss“ – und zum Küssen gut sind diese luftigen Köstlichkeiten!

Zutaten

Für ca. 70 Stück:

1 TL Speisestärke

1 TL Honig-Essig

2 Eiweiß (Raumtemperatur)

1 Prise Salz

120 g feiner Zucker

pinke Lebensmittelpaste

Hinweis:

Schüssel und Schneebesen müssen absolut trocken sein, da Baiser keinerlei Wasser verträgt.

Ein Backblech mit Backpapier auslegen und den Backofen auf 100 °C (Ober-/Unterhitze) vorheizen. Die Speisestärke mit dem Honig-Essig verrühren.

In einer großen Rührschüssel das Eiweiß und eine Prise Salz mit dem Schneebesen des Handrührgeräts auf höchster Stufe steif schlagen. Den Zucker (abwechselnd mit etwas Essigmischung) nach und nach esslöffelweise unterschlagen, bis die Masse fest und glänzend ist; dies dauert ca. 5–10 Minuten.

⅓ des Teigs abnehmen und in einer neuen Schüssel mit der Lebensmittelpaste vermengen. Sehr vorsichtig dosieren, meist reicht schon eine halbe Messerspitze, je nach gewünschter Intensität.

Einen Spritzbeutel der Länge nach mit einem Teil eingefärbter Eiweißmasse füllen, mit 2 Teilen Eiweißmasse auffüllen. Mit einer französischen Tülle kleine Kleckse auf das mit Backpapier belegte Backblech setzen.

Die Baisers in den Ofen schieben und etwa 2 Stunden backen. Die Baisers sollten außen knusprig sein. Um die Festigkeit der Baisers zu testen, vorsichtig gegen die Unterseite klopfen; der Baiser sollte sich fest anfühlen und hohl klingen. Aus dem Ofen nehmen und auf dem Blech auskühlen lassen.

Feines TEEGEBÄCK

Die butterzarten Plätzchen schmelzen auf der Zunge und sind der perfekte Begleiter zur nächsten Teeparty.

Zutaten

Für ca. 56 Stück:

200 g Mehl

100 g gemahlene Mandeln (ohne Haut)

80 g Zucker

1 Prise Salz

Mark einer Vanilleschote

3 Eigelb

200 g kalte Butter

Das Mehl in eine Schüssel sieben und Mandeln, Zucker, Salz, Vanilleschotenmark, Eigelb und die in kleine Würfel geschnittene Butter hinzugeben. Mit den Knethaken des Handrührgeräts zu einem glatten Teig verrühren. Anschließend noch einmal mit den Händen kneten. Den Teig flachdrücken und mit Frischhaltefolie abgedeckt mindestens 1 Stunde im Kühlschrank ruhen lassen.

Den Backofen auf 175 °C (Ober-/Unterhitze) vorheizen. Den Teig auf einer bemehlten Arbeitsfläche 5 mm dick ausrollen und ausstechen. Auf ein mit Backpapier belegtes Backblech legen und ca. 10 Minuten backen. Aus dem Ofen nehmen und auf einem Kuchengitter auskühlen lassen.

Bei Verwendung eines Keksstempels den Teig erst zu zwei Rollen á etwa 30 cm formen und in 1 cm breite Stücke schneiden. Anschließend kleine Kugeln formen, auf das Backblech legen und den Stempel vorsichtig auf die Kugeln drücken. Diese Kekse sind etwas dicker und benötigen beim Backen auch etwa 5 Minuten länger, bis sie sich goldbraun färben.

Orangen PLÄTZCHEN

Bei diesen Orangenplätzchen träume ich mich jedes Mal in den Süden. Ans Meer, in die Sonne und zu den saftigsten Orangen ...

Zutaten

Für ca. 18 Stück:

Für den Teig:

125 g weiche Butter

50 g Zucker

2 TL Orangenblütenhonig

Mark einer halben Vanilleschote

1 Prise Salz

1 Ei

235 g Mehl

geriebene Schale einer halben Bio-Orange

Für den Belag:

3 kleine Bio-Orangen

1 TL brauner Zucker

Die Butter zusammen mit Zucker, Honig, Vanilleschotenmark und 1 Prise Salz mit dem Schneebesen eines Handrührgräts schaumig aufschlagen. Ei, Mehl und Orangenschale mit den Knethaken unterrühren. Den Teig 2 Stunden mit Frischhaltefolie abgedeckt in den Kühlschrank stellen.

Den Backofen auf 175 °C (Ober-/Unterhitze) vorheizen. Den Teig zu einer Rolle von etwa 5 cm Durchmesser rollen und in 2 cm breite Scheiben schneiden. Mit den Händen zu einem flachen Fladen formen (als grobe Richtung gilt die Größe der Orangen). Anschließend mit genügend Abstand nebeneinander auf ein mit Backpapier belegtes Backblech setzen.

Die Orangen heiß abwaschen, trocken tupfen und in feine Scheiben schneiden. Die Schale abziehen. Auf die Kekse legen und mit etwas Zucker bestreuen.

12–15 Minuten auf mittlerer Schiene goldbraun backen. Die Kekse aus dem Ofen nehmen und vollständig abkühlen lassen.

Schoko-DOPPELKEKS

Hier werden Kindheitserinnerungen wach. An Urlaube im Süden, die ersten Zoobesuche und Picknick im Park. Der bekannte Doppelkeks mit einer schokoladigen Füllung und verführerischem Salzkaramell verfeinert.

Zutaten

Für ca. 20 Stück:

Für den Teig:

400 g Mehl
50 g Speisestärke
1 Msp. Natron
180 g weiche Butter
120 g Puderzucker
Mark einer Vanilleschote
2 Eigelb
120 g Schlagsahne

Für die Karamellsoße:

120 g Zucker
200 g Schlagsahne
20 g Butter
½ TL Meersalz

Für die Schokoladenfüllung:

120 g Schlagsahne
230 g grob gehackte Zartbitterkuvertüre
50 g Nuss-Nugat

Das Mehl mit Speisestärke und Natron in einer Schüssel vermengen. Die Butter mit Puderzucker und Vanilleschotenmark mithilfe eines Handrührgeräts kurz schaumig aufschlagen. Das Eigelb hinzugeben und mit der Schlagsahne unterrühren. Das Mehl einrieseln lassen und zu einem geschmeidigen Teig verkneten. Den Teig mindestens 2 Stunden mit Frischhaltefolie abgedeckt in den Kühlschrank stellen.

Den Backofen auf 175 °C (Ober-/Unterhitze) vorheizen. Den Teig auf einer leicht bemehlten Arbeitsfläche 3 mm dünn ausrollen und ausstechen. Mit einer Gabel oder einem Holzstäbchen das typische Butterkeks-Muster vorsichtig eindrücken. Die Kekse auf ein mit Backpapier belegtes Backblech legen und etwa 15 Minuten goldbraun backen. Aus dem Ofen nehmen und auf einem Kuchengitter vollständig auskühlen lassen.

In der Zwischenzeit die Karamellsoße vorbereiten. Dazu den Zucker in einem Topf karamellisieren lassen. Schlagsahne, Butter sowie Meersalz hinzugeben und die Masse unter ständigem Rühren auf niedriger Stufe leicht köcheln lassen, bis eine dickflüssige Soße entsteht. Kurz abkühlen lassen und dünn jeweils auf die Unterseite der Kekse streichen.

Für die Schokoladenfüllung die Sahne in einen kleinen Topf geben und kurz erhitzen. Die Kuvertüre hinzugeben und auf niedriger Stufe unter ständigem Rühren schmelzen, bis eine homogene Masse entsteht. Die Creme abdecken und 30 Minuten abkühlen lassen. Das Nugat (weiche Konsistenz, dazu je nach Sorte ggf. im Wasserbad schmelzen) zugeben und mit einem Schneebesen aufschlagen.

Die Schokoladencreme in einen Spritzbeutel mit großer Tülle füllen und Kleckse auf eine Hälfte der Kekse setzen, die ungefähr ¾ des Kekses bedecken. Einen weiteren Keks oben aufsetzen und vorsichtig flachdrücken.

ier
u. Dillers
ee-Zusatz-Essenz

Apfel KEKSE

Apfelstrudel am Stiel. Ein zarter Mandelkeks mit einer Füllung voll knackiger Äpfel und feinstem Zimt – wer will da schon ein Eis am Stiel?

Zutaten

Für ca. 22 Stück:

Für den Teig:

250 g Mehl

50 g gemahlene Mandeln (ohne Haut)

80 g Zucker

1 Prise Salz

½ TL Zimt

1 Ei

200 g kalte Butter

Für die Füllung:

1 Apfel

3 TL Zucker

1 TL Zimt

1 EL Butter

Außerdem:

22 Holz- oder Lollistiele

5 EL Milch

1 Eigelb

Das Mehl auf die Arbeitsplatte sieben, die Mandeln hinzugeben und in die Mitte eine Mulde drücken. In diese Zucker, Salz, Zimt und das Ei geben und mit einer Gabel vermengen. Die Butter in kleine Würfel schneiden und auf dem Rand verteilen. Alles mit einem großen Messer gut durchhacken, damit der Teig nicht zu schnell erwärmt wird. Anschließend mit den Händen zu einem glatten Teig verkneten. Den Teig flachdrücken und mit Frischhaltefolie abgedeckt mindestens 2 Stunden im Kühlschrank ruhen lassen.

Den Apfel schälen, entkernen, halbieren und in feine Scheiben oder kleine Würfel schneiden. In einem tiefen Teller Zucker und Zimt vermischen und die Äpfel darin wälzen. Die Butter in einer Pfanne auf mittlerer Stufe schmelzen und die Äpfel kurz anbraten.

Den Teig auf einer bemehlten Arbeitsfläche 3 mm dick ausrollen und nach der Vorlage von S. 92 zuschneiden. Nach Belieben in die Hälfte der Kekse kleine Herzen schneiden. Auf eine Hälfte der Kekse die Apfelscheiben/-stücke legen, einen weiteren Keks oben auflegen, einen Lollistiel dazwischenlegen und mit einer Gabel den Rand andrücken. Um die Form zu bewahren, die Kekse erneut für mindestens 2 Stunden in den Kühlschrank legen.

Den Backofen auf 170 °C (Ober-/Unterhitze) vorheizen. Die Kekse auf ein mit Backpapier belegtes Backblech legen. 15–18 Minuten goldbraun backen. Die Milch mit 1 Eigelb vermengen und nach der Hälfte der Backzeit die Kekse damit bestreichen. Aus dem Ofen nehmen, kurz auf dem Backblech, anschließend auf einem Kuchengitter abkühlen lassen.

Paranuss-PLÄTZCHEN

Den speziellen Kick erhalten die Paranuss-Plätzchen durch das verlockende Fleur de Sel und die verboten gute Feigenkonfitüre.

Zutaten

Für ca. 50 Stück:

100 g Paranüsse (oder Walnüsse, Pekannüsse etc.)

125 g weiche Butter

60 g Rohrohrzucker

1 TL Honig

Mark einer halben Vanilleschote

1 Prise Salz

1 Ei

225 g Mehl

1 Messerspitze Fleur de Sel, fein gemörsert

1 Eiweiß

3 EL Feigenkonfitüre

Den Backofen auf 180 °C (Ober-/Unterhitze) vorheizen. Die Nüsse grob hacken. Die Butter mit dem Zucker, Honig, Vanilleschotenmark und Salz mit dem Schneebesen des Handrührgeräts schaumig aufschlagen. Ei und Mehl unterrühren.

Den Teig zu einer etwa 50 cm langen Rolle formen und in 1 cm breite Stücke schneiden. Aus den einzelnen Stücken kleine Kugeln formen.

Die Nüsse mit dem Fleur de Sel in einen tiefen Teller geben und vermengen. Das Eiweiß mit 1 Esslöffel Wasser verquirlen und die Hände damit benetzen. Nun die Kugeln mit den Händen befeuchten und durch die Nussmischung rollen. Anschließend auf ein Backblech mit Backpapier legen. Mit dem Ende eines Kochlöffels eine Mulde in die Mitte drücken.

Die Konfitüre durch ein Sieb passieren. In einen Spritzbeutel mit kleiner Tülle geben und in die Mulden kleine Häufchen setzen. Die Plätzchen im Ofen 12–15 Minuten auf mittlerer Schiene goldbraun backen. Aus dem Ofen nehmen und die restliche Marmelade auf die Plätzchen setzen, bei 100 °C 10–15 Minuten antrocknen lassen.

Rosmarin-
SHORTBREAD

Rosmarin in süßen Keksen? Klar! In Kombination mit Zitrone sind diese Kekse der Anfang einer ganz großen Knusperliebe.

Zutaten

Für ca. 40 Stück:

200 g Mehl

100 g Speisestärke

1 Prise Salz

1 TL frischer gehackter Rosmarin

Zesten einer Bio-Zitrone

200 g weiche Butter

80 g Puderzucker

Saft einer halben Zitrone

Das Mehl mit Speisestärke, Salz, Rosmarin und Zitronenzesten in eine Schüssel geben und vermischen. Butter und Puderzucker mit dem Schneebesen des Handrührgeräts cremig schlagen. Den Zitronensaft unterrühren und die Mehlmischung langsam hinzufügen. Mit den Knethaken kurz verkneten. Im Kühlschrank mit Frischhaltefolie abgedeckt 1 Stunde ruhen lassen.

Den Teig auf einer bemehlten Arbeitsfläche 5 mm dick ausrollen und ausstechen. Die Kekse noch einmal mindestens 1 Stunde kalt stellen, sodass diese beim Backen nicht auseinanderlaufen.

Den Backofen auf 160 °C (Ober-/Unterhitze) vorheizen. Die Kekse auf ein mit Backpapier belegtes Backblech legen und 12–15 Minuten goldbraun backen. Kurz auf dem Blech und anschließend auf einem Kuchengitter vollständig auskühlen lassen.

Müsli STANGEN

Das perfekte Rezept für alle, die nicht viel Zeit haben und eine gesunde Alternative zum Schokoriegel suchen. Denn diese Müsli-stangen sind perfekt für die kleine Nascherei zwischendurch.

Zutaten

Für 10 Riegel:

100 g gemischte Nüsse
20 g Sonnenblumenkerne
2 TL Sesam
120 g Dinkelmehl
1 TL Backpulver
1 Prise Salz
¼ TL Zimt
40 g Kokosblütenzucker
1 Ei
40 g weiche Butter
2 EL Haferflocken
50 g Cranberries

Backofen auf 175 °C (Ober-/Unterhitze) vorheizen. Die Nüsse mit Sonnenblumenkernen und Sesam in einer beschichteten Pfanne anrösten und zum Abkühlen beiseitestellen.

Mehl, Backpulver, Salz und Zimt in eine Rührschüssel geben und vermischen. Zucker, Ei und Butter zugeben. Mit den Knethaken des Handrührgeräts zu einem glatten Teig verkneten. Zuletzt Haferflocken, Cranberries und Nüsse untermischen.

Den Teig zwischen 2 Lagen Backpapier 5 mm dick ausrollen. Die Teigplatte auf ein doppelt mit Backpapier belegtes Backblech legen und etwa 20 Minuten backen. Aus dem Ofen nehmen und kurz abkühlen lassen.

Den Teig in gleich große Riegel (etwa 2 x 8 cm) schneiden und weitere 7–10 Minuten backen. Anschließend auf einem Kuchengitter abkühlen lassen.

HOCHGENUSS.
LEBEN
AUS 1001ER
DAS VEGANE
MEHR MIT
RESTAURANTS
AUS
DER CITY
ZU LEBEN
HIPPEN
SON-
MIT ANDE-

Ein Teig – 5 COOKIES

Der Klassiker unter den Keksen. Egal, ob mit Früchten, Nüssen oder Schokolade – Cookies sind der absolute Dauerbrenner unter Keks-Liebhabern.

Zutaten

Für ca. 20 Cookies

250 g Mehl
½ TL Natron
½ TL Salz
200 g weiche Butter
70 g brauner Zucker
140 g weißer Zucker
1 Ei (Raumtemperatur)
1 Eigelb (Raumtemperatur)
1 TL Vanilleextrakt

Das Mehl mit Natron und Salz vermischen und beiseitestellen. Die Butter zusammen mit dem Zucker in eine Schüssel geben und mit dem Handrührgerät etwa 2 Minuten gut aufschlagen. Die Eier sowie den Vanilleextrakt unterrühren. Zum Schluss die Mehlmischung unterheben und gut miteinander vermengen. Die gewünschten Zutaten (Nüsse, Früchte, Schokolade) unterkneten. Den Teig für 1 Stunde im Kühlschrank ruhen lassen.

Den Backofen auf 180 °C (Ober-/Unterhitze) vorheizen. Aus dem Teig etwa 20 esslöffelgroße Kugeln formen. Mit ausreichend Abstand nebeneinander auf ein mit Backpapier belegtes Backblech setzen und etwas flachdrücken. Etwa 10 Minuten backen, bis sich der Rand goldbraun färbt. Nicht zu lange im Ofen lassen, auch wenn die Cookies noch etwas weich sind; sie festigen sich beim Abkühlen. Herausnehmen, kurz abkühlen und anschließend auf einem Kuchengitter vollständig auskühlen lassen.

Tipp

Für die Optik vorm Backen ein paar Chocolate Chips, Nüsse oder Früchte in die Cookies drücken.

Für die Varianten:

Chocolate Chip Cookies

100 g Zartbitter-Schokodrops

Nutcracker Cookies

120 g gemischte Nüsse
15 g feine Haferflocken

Blueberry Cookies

120 g frische Blaubeeren

Triple Choc Cookies

30 g Back-Kakao
90 g Vollmilch-Schokodrops
75 g gehackte Zartbitterkuvertüre
30 g Kakaonibs
nach Belieben eine Handvoll Haselnüsse

Macadamia Nut Cookies

120 g Macadamia-Nüsse
80 g weiße Schokodrops

Macadamia Nut Cookies
Blueberry Cookies
Triple Choc Cookies
Chocolate Chip Cookies
Nutcracker Cookies

Zitronen TALER

Ein Keks, der sich schon fast ein kleines Minitörtchen nennen kann. Ein fruchtiger Zitronenkeks mit einem Buttercreme-häubchen. Das Ganze wird abgerundet durch das fein-nussige Aroma der Pistazien.

Zutaten

Zutaten für ca. 40 Stück:

Für den Teig:

330 g Mehl
4 TL Speisestärke
1 Prise Salz
170 g weiche Butter
80 g Zucker
Schale einer Bio-Zitrone
1 Ei
Saft einer Zitrone

Für das Zitronen-Frosting:

100 g weiche Butter
200 g Puderzucker
½ TL Zesten einer Bio-Zitrone
Saft einer Zitrone

Zum Verzieren:

2 EL gehackte Pistazien
2 EL Zesten einer Bio-Zitrone

Das Mehl mit Speisestärke und Salz in eine Schüssel geben und miteinander vermischen. Die Butter mit dem Zucker in eine Rührschüssel geben und mit dem Schneebesen des Handührgeräts schaumig weiß rühren. Eier und Zitronenschale hinzugeben und gut miteinander verrühren. Zum Schluss die Mehlmischung dazugeben und alles erst mit den Knethaken und anschließend mit den Händen zu einem glatten Teig verkneten. Für 2 Stunden mit Frischhaltefolie abgedeckt in den Kühlschrank stellen.

Den Backofen auf 180 °C (Ober-/Unterhitze) vorheizen. Den Teig auf einer bemehlten Arbeitsfläche 5 mm dick ausrollen und Kreise ausstechen. Auf ein mit Backpapier belegtes Backblech legen und etwa 8–12 Minuten backen. Aus dem Ofen nehmen, auf ein Kuchengitter heben und vollständig abkühlen lassen.

Für das Frosting alle Zutaten in eine Rührschüssel geben und mit dem Schneebesen des Handrührgeräts schaumig weiß aufschlagen. Mit einem Löffel auf die Kekse streichen und mit Zitronenzesten und gehackten Pistazien bestreuen. In einer Dose, im Kühlschrank aufbewahrt, halten sich die Kekse etwa 1 Woche.

Variante:
Statt mit Pistazien kann man die Kekse auch wunderbar mit gehackten Lavendelblüten oder Rosenblütenblätter bestreuen.

Thymian-
MADELEINES

Eines oder lieber doch gleich zwei verspeisen? Das ist wirklich die einzige Frage, die man sich bei diesen köstlich herzhaften Madeleines stellen muss.

Zutaten

Für ca. 24 Stück:

3 Eier

70 g geschmolzene Butter

200 g Mehl

1 TL Backpulver

2 TL fein gehackter Thymian

30 ml Milch

1 TL Meersalz

1 TL Pfeffer

40 g geriebener Parmesan

Die Madeleine-Form fetten und den Ofen auf 180 °C (Ober-/ Unterhitze) vorheizen.

Eier und Butter mit einem Handrührgerät verquirlen. Das Mehl mit Backpulver und Thymian vermischen und unterrühren. Die Milch mit Salz und Pfeffer hinzugeben und gut vermengen. Zum Schluss den Parmesan unterheben.

Den Teig in einen Spritzbeutel mit großer Tülle geben. In die Madeleine-Form füllen und 15 Minuten backen. Aus dem Ofen nehmen und vor dem Stürzen 5 Minuten in der Form abkühlen lassen.

Variante:
Statt mit Thymian lässt sich der Teig auch mit 2 Esslöffeln grob gehackten Walnüssen und etwa 10 kleingeschnittenen Weintrauben verfeinern.

MIT LIEBE
GEBACKEN

Grissini-STANGEN

Grissini sind eine knusprige Knabberei für den nächsten Mädelsabend oder würziger Begleiter zu einem Gläschen Rotwein.

Zutaten

Für ca. 60 Stück:

4 Rosmarinstiele

½ Würfel frische Hefe (ca. 21 g)

1 EL Zucker

9 EL Olivenöl

1 Eiweiß

Salz

360 g Dinkelmehl

1–2 TL Fleur de Sel (oder grobes Meersalz)

Den Rosmarin waschen, trocken tupfen, die Blätter abzupfen und fein hacken. Die Hefe in eine große Schüssel bröseln. 150 ml lauwarmes Wasser und Zucker zugeben und mit einer Gabel glatt rühren. 7 Esslöffel Öl, Eiweiß, Salz, Mehl und die Hälfte des Rosmarins zugeben und mit den Knethaken eines Handrührgeräts zu einem glatten Teig verkneten. Zugedeckt an einem warmen Ort etwa 1 Stunde gehen lassen.

Zwei Backbleche mit Backpapier auslegen und den Backofen auf 180 °C (Ober-/Unterhitze) vorheizen. Den Teig in zwei gleich große Rollen teilen und zu jeweils etwa 30 gleich großen Kugeln formen. Anschließend in dünne Stangen (15 cm lang) rollen.

Grissini auf die Backbleche legen. Fleur de Sel etwas zerdrücken und mit 2 Esslöffeln Olivenöl verrühren. Grissini damit bestreichen, den restlichen Rosmarin darüberstreuen und nacheinander im heißen Ofen etwa 15 Minuten goldbraun backen. Aus dem Ofen nehmen und auskühlen lassen.

Kleine KUNSTWERKE

Zwischen Royal Icing, Puderzucker & Schokolade gesellen sich Keksstempel & Co. Und zusammen zaubern wir auf den folgenden Seiten mit diesen feinen Zutaten die wunderschönsten Keks-Kunstwerke. Ich zeige dir, wie du mit einfachen Mitteln und wenig Aufwand für große Begeisterung beim nächsten Kaffeeklatsch sorgen kannst.

Royal-Icing-KEKSE

Mit viel Liebe und Geduld gemacht sind diese verzierten Kekse, die heimlichen Könige unter den Keksen. Ob mit Punkten, Streifen, Motiven oder Namen der Liebsten, hier darf man seiner Kreativität freien Lauf lassen.

Zutaten

Für ca. 30 Stück:

Für den Teig:

320 g Dinkelmehl

150 g Marzipanrohmasse

170 g kalte Butter

2 Eigelb

30 g Kokosblütenzucker

1 Prise Salz

Für das Royal Icing:

2 frische Eiweiß (Größe M)

400 g Puderzucker

2 EL Zitronensaft

ggf. etwas Wasser

Lebensmittelpaste, mintfarben und gelb

Das Mehl in eine Schüssel sieben, das Marzipan mit einer Reibe grob hineinraspeln und die Butter in kleinen Stücken hinzufügen. Das Eigelb mit 2–3 Esslöffeln Wasser verquirlen und zu den restlichen Zutaten geben. Zucker und Salz hinzugeben und alles mit den Knethaken des Handrührgeräts zu einem glatten Teig verrühren. Den Teig mit Frischhaltefolie abdecken und mindestens 2 Stunden in den Kühlschrank stellen.

Den Teig auf einer bemehlten Arbeitsfläche 5 mm dick ausrollen und nach den Vorlagen von S. 93 mit einem Messer ausschneiden. Damit die Kekse beim Backen ihre Form behalten, noch einmal mindestens 2 Stunden in den Kühlschrank stellen.

Den Backofen auf 165 °C (Ober-/Unterhitze) vorheizen. Die Kekse auf ein mit Backpapier belegtes Blech legen und etwa 10–12 Minuten backen. Aus dem Ofen nehmen, kurz auf dem Blech und anschließend auf einem Kuchengitter vollständig abkühlen lassen.

In der Zwischenzeit das Royal Icing (siehe S. 14) zubereiten. Etwa ¼ der Ausfüllglasur entnehmen und mintfarben einfärben, mit Frischhaltefolie abdecken und beiseitestellen. Erst die Konturen mit der dickeren Konturenglasur nachziehen und mit der Ausfüllgasur ausfüllen (siehe auch S. 16/17). Das mintfarbene Icing in einen Spritzbeutel (Tüllengröße 1) geben und zügig die mintfarbenen Punkte in die Masse setzen. Über Nacht trocknen lassen.

Die restliche Konturenglasur gelb einfärben und erneut gründlich verrühren. In einen Spritzbeutel (Tüllengröße 1) füllen. Gewünschte Wörter auf die Kekse schreiben oder Motive aufmalen. 24 Stunden trocknen lassen.

Tipp

Wer sich etwas unsicher ist, kann die Wörter in gewünschter Schrift in Originalgröße ausdrucken, die einzelnen Wörter grob zuschneiden, das Blatt auf die Kekse legen und mit einem Bleistift die Schrift vorsichtig durchdrücken. Somit erhält man eine feine Kontur, die man wunderbar nachziehen kann.

Kardamom TALER

Diese Kardamom-Kekse im Spitzendesign werden zum Highlight jeder Kaffeetafel! Das kann selbst Omas beste Spitzendecke nicht mehr toppen.

Zutaten

Für ca. 50 Stück:

180 g Vollkornmehl
120 g Dinkelmehl
80 g Rohrohrzucker
1 Prise Salz
½ TL Kardamom
2 Eigelb
200 g kalte Butter

Außerdem:

Spitzendeckchen
Lebensmittelfarbe (Spray oder Puder) oder Puderzucker

Das Mehl auf die Arbeitsplatte sieben und in die Mitte eine Mulde drücken. In diese Zucker, Salz und Kardamom geben und mit dem Eigelb vermengen. Die Butter in kleine Würfel schneiden und auf dem Rand verteilen. Alles gut mit einem Messer durchhacken, damit der Teig nicht zu schnell erwärmt wird. Dann mit den Händen zu einem glatten Teig verkneten. Den Teig flachdrücken und mit Frischhaltefolie abgedeckt mindestens 1 Stunde im Kühlschrank ruhen lassen.

Den Ofen auf 170 °C (Ober-/Unterhitze) vorheizen. Den Teig auf einer bemehlten Arbeitsfläche 5 mm dick ausrollen und ausstechen. Die Kekse auf ein mit Backpapier belegtes Backblech legen und etwa 10–12 Minuten backen. Aus dem Ofen nehmen und auf einem Kuchengitter auskühlen lassen.

Das Spitzendeckchen auf den Keks legen und mit Lebensmittelspray einsprühen oder mit einem Pinsel und Lebensmittelpuder bzw. Puderzucker bestäuben.

Tipps:

Für noch mehr Farbspiel den Keks mit eingefärbten Royal Icing oder Fondant überziehen, danach das Spitzendeckchen-Muster aufbringen.

Ingwer KEKSE

Was diesen Keks so besonders macht? Einerseits natürlich das wunderhübsche Design, aber auch die Frische des Ingwers ist eine spannende Geschmacksexplosion.

Zutaten

Für ca. 20 Stück:

250 g Mehl

50 g Speisestärke

100 g Zucker

1 Prise Salz

2 Eigelb

200 g kalte Butter

½–1 TL gemahlener Ingwer (je nach Geschmack)

helle Marmelade

bedrucktes Esspapier

Das Mehl mit der Speisestärke auf die Arbeitsplatte geben und in die Mitte eine Mulde drücken. In diese den Zucker und das Salz geben und mit dem Eigelb vermengen. Die Butter in kleine Würfel schneiden und auf dem Rand verteilen. Den Ingwer dazugeben. Alles gut mit einem Messer durchhacken, damit der Teig nicht zu schnell erwärmt wird. Dann mit den Händen zu einem glatten Teig verkneten. Den Teig flachdrücken und mindestens 1 Stunde mit Frischhaltefolie abgedeckt im Kühlschrank ruhen lassen.

Den Teig auf einer bemehlten Arbeitsfläche 10 mm dick ausrollen und ausstechen. Auf ein mit Backpapier belegtes Backblech legen. Im vorgeheizten Ofen bei 175 °C (Ober-Unterhitze) 12–15 Minuten backen. Aus dem Ofen nehmen und auf einem Kuchengitter auskühlen lassen.

Das bedruckte Esspapier von der Rückseite mit etwas heller Marmelade einpinseln und auf den Keks drücken. Den Keks mit dem Esspapier nach unten auf die Arbeitsfläche zum Trocknen legen.

*Stempel*KEKSE

Mit Stempeln und Lebensmittelfarbe lassen sich im Handumdrehen die wunderschönsten Motiv-Kekse zaubern.

Zutaten

Für ca. 45 Stück:

250 g Mehl
50 g gemahlene Mandeln (ohne Haut)
80 g Zucker
1 Prise Salz
2 Eigelb
200 g kalte Butter
250 g Fondant
2–3 EL Marmelade
Lebensmittelpaste
befüllbares Stempelkissen
unbenutzte Stempel

Das Mehl mit den Mandeln mischen, auf die Arbeitsfläche geben und in die Mitte eine Mulde drücken. In diese Zucker, Salz und Eigelb geben und mit einer Gabel vermengen. Die Butter in kleine Würfel schneiden und auf dem Rand verteilen. Die Zutaten mit einem großen Messer durchhacken. Somit ist der Teig schon gut vermengt, ohne sich zu schnell zu erwärmen. Anschließend mit den Händen zu einem glatten Teig verkneten. Den Teig flachdrücken und mit Frischhaltefolie abgedeckt mindestens 2 Stunden im Kühlschrank ruhen lassen.

Den Backofen auf 175 °C (Ober-/Unterhitze) vorheizen. Den Teig auf einer bemehlten Arbeitsfläche 5 mm dick ausrollen und ausstechen. Auf ein mit Backpapier belegtes Backblech legen und ca. 10 Minuten backen. Aus dem Ofen nehmen und auf einem Kuchengitter auskühlen lassen.

Den Fondant dünn ausrollen und ausstechen. Die Kekse mit etwas Marmelade bestreichen und den ausgestochenen Fondant auf die Kekse legen. Leicht andrücken.

Das Stempelkissen mit der Lebensmittelpaste befüllen. Den unbenutzten Stempel mit der Paste benetzen, vorsichtig auf den Fondant-Keks drücken und die Paste mindestens 2 Stunden trocknen lassen.

© PERLENFISCHER

Nuss**PLÄTZCHEN**

Die liebevollen Anhänger eignen sich nicht nur zum Verschönern von Geschenken. Sie glänzen auch als Tisch-Deko, Platzkärtchen oder Weihnachtsschmuck.

Zutaten

Für ca. 20 Stück (je nach Motiv):

Für den Teig:

2 Eigelb

80 g Rohrohrzucker

1 Prise Salz

200 g kalte Butter

250 g Mehl

50 g gemahlene Haselnüsse (oder Mandeln)

Für den Zuckerguss:

125 g Puderzucker

ca. 15 ml kochendes Wasser

1 EL Zitronensaft

Das Eigelb mit Zucker und Salz in eine Rührschüssel geben und mit den Knethaken eines Handrührgeräts vermengen. Butter in kleine Stücke schneiden, dazugeben und mit dem Mehl und den gemahlenen Nüssen zu einem ebenmäßigen Teig kneten. Anschließend noch einmal kurz mit den Händen zu einem glatten Teig verkneten und mit Frischhaltefolie abgedeckt mindestens 1 Stunde im Kühlschrank ruhen lassen.

Den Teig auf einer bemehlten Arbeitsfläche 5 mm dick ausrollen und die Kekse mit den Vorlagen von S. 92/93 mit einem Messer ausschneiden. Mit einem Holzspieß im oberen Teil des Kekses ein Loch stechen. Erneut für mindestens 2 Stunden in den Kühlschrank stellen.

Den Backofen auf 170 °C (Ober-/Unterhitze) vorheizen. Die Kekse auf ein mit Backpapier belegtes Backblech legen und 10 Minuten goldbraun backen. Aus dem Ofen nehmen und auf einem Kuchengitter auskühlen lassen.

In der Zwischenzeit den Zuckerguss nach Anleitung von S. 15 zubereiten. In einen Spritzbeutel mit Tüllengröße 1 füllen und die Kekse nach Herzenslust verzieren. Über Nacht trocknen lassen.

Chai-Tee-
KEKSE

Durch die Chai-Gewürzmischung bekommen diese Kekse eine feine exotische Note. In Kombination mit den selbst gemachten Anhängern sind die Chai-Tee-Kekse ein echter Blickfang bei jedem Kaffeekränzchen.

Zutaten

Für ca. 30 Stück:

2 Eigelb

80 g Zucker

1 Prise Salz

½ TL Vanilleextrakt

200 g kalte Butter

280 g Dinkelmehl

Chai-Tee-Gewürzmischung (siehe rechts) oder 3 TL gemahlener, loser Chai-Tee

100 g Zartbitterkuvertüre

Außerdem:

Küchengarn

Klebstoff

Eigelb mit Zucker, Salz und Vanilleextrakt in eine Rührschüssel geben und mit den Knethaken vermengen. Die Butter in kleine Stücke schneiden, dazugeben und mit Mehl und Chai-Tee zu einem ebenmäßigen Teig kneten. Anschließend noch einmal kurz mit den Händen zu einem glatten Teig verkneten. Den Teig flachdrücken und mit Frischhaltefolie abgedeckt mindestens 1 Stunde im Kühlschrank ruhen lassen.

Den Backofen auf 165 °C (Ober-/Unterhitze) vorheizen. Den Teig auf einer bemehlten Arbeitsfläche etwa 3 mm dick ausrollen und nach der Vorlage von S. 92 ausschneiden. Am oberen Ende mit einem Holzspieß mittig ein kleines Loch stechen. Auf ein mit Backpapier belegtes Backblech legen und etwa 10 Minuten backen. Aus dem Ofen nehmen und auf einem Kuchengitter auskühlen lassen.

Die Kuvertüre schmelzen (siehe S. 22). Die Kekse schräg in die Kuvertüre eintauchen und kurz abtropfen lassen. Auf einem Kuchengitter trocknen lassen.

Die Teebeutel-Anhänger ausschneiden (Vorlage S. 91) und in der Mitte falzen. Küchengarn auf etwa 15 cm Länge schneiden und durch das Keksloch ziehen. Ein Ende zuknoten, das andere Ende zwischen das offene Papierlabel legen, mit einem Tropfen Klebstoff fixieren und zuklappen.

Gewürzmischung selber herstellen:
Du brauchst 1 Teelöffel gemahlenen Zimt, 1 Messerspitze gemahlene Nelken und 2 Messerspitzen Kardamom, die fein geriebene Schale einer halben Bio-Zitrone sowie 2 Teelöffel schwarzen Tee. Alles kurz vermengen und in einem Mixer oder einer Kaffeemühle mahlen.

TEA-
TIME
TEA-
TIME
TEA-
TIME
TEA-
TIME
TEA-
TIME

Schwarz-Weiß-GEBÄCK

Hier isst nicht nur das Auge mit. Denn im Inneren versteckt sich das verlockende Aroma der Tonkabohne, das ein wenig an eine Mischung aus Vanille und Marzipan erinnert.

Zutaten

Für ca 30 Stück:

4 EL Milch

1 Tonkabohne

1 Ei

80 g Rohrohrzucker

1 Prise Salz

180 g kalte Butter

325 g Dinkelmehl

Für das Royal Icing:

2 frische Eiweiß (Größe M)

400 g Puderzucker

2 EL Zitronensaft

ggf. etwas Wasser

schwarze Lebensmittelfarbe (Paste oder Stift)

Die Milch mit der Tonkabohne aufkochen, 10 Minuten ziehen lassen und zum Abkühlen beiseitestellen.

Das Ei mit dem Zucker und dem Salz in eine Rührschüssel geben und mit den Knethaken eines Handrührgeräts vermengen. Die Butter in kleine Stücke schneiden, mit dem Mehl und der Milch (vorher die Tonkabohne entnehmen) zu einem ebenmäßigen Teig kneten. Anschließend noch einmal kurz mit den Händen zu einem glatten Teig verkneten. Den Teig flachdrücken und mit Frischhaltefolie abgedeckt mindestens 1 Stunde im Kühlschrank ruhen lassen.

Den Backofen auf 170 °C (Ober-/Unterhitze) vorheizen. Den Teig auf einer bemehlten Arbeitsfläche 5 mm dick ausrollen und ausstechen. Auf ein mit Backpapier belegtes Backblech legen und etwa 10 Minuten backen. Aus dem Ofen nehmen und auf einem Kuchengitter auskühlen lassen.

In der Zwischenzeit das Royal Icing (siehe S. 14) zubereiten. Erst die Konturen mit der Konturenglasur nachziehen und dann mit der Ausfüllglasur ausfüllen (siehe auch S. 16/17).

Variante 1:
Die restliche Konturenglasur mit schwarzer Lebensmittelpaste einfärben. In einen Spritzbeutel (Tüllengröße 1) geben und ein Streifenmuster auf die Kekse ziehen. 24 Stunden trocknen lassen.

Variante 2:
Kekse über Nacht trocknen lassen und anschließend mit einem Lebensmittelfarbstift ein Streifenmuster auf die Kekse zeichnen. Hierbei kannst du dir auch ein Lineal zur Hilfe nehmen.

Blüten KEKSE

Es wird kaum jemanden geben, der sich diese leckeren Holunderblütenkekse mit essbaren Blüten entgehen lassen wird.

Zutaten

Zutaten für ca. 40 Stück (je nach Größe):

340 g Mehl

60 g Zucker

1 Prise Salz

2 Eigelb

200 g Butter

5 EL Holunderblütensirup

unbehandelte, essbare Blüten, z. B. Hibiskus, Veilchen, Stiefmütterchen, Geranien, Petunie, Apfelblüten, Gänseblümchen, Kornblumen

1 Eiweiß

20 g Zucker

Das Mehl auf die Arbeitsplatte sieben und in die Mitte eine Mulde drücken, in diese den Zucker und das Salz geben und mit dem Eigelb vermengen. Die Butter in kleine Würfel schneiden und auf dem Rand verteilen. Den Holunderblütensirup hinzugeben und alles gut mit einem Messer durchhacken, damit der Teig nicht zu schnell erwärmt wird. Dann mit den Händen zu einem glatten Teig verkneten. Den Teig flachdrücken und mit Frischhaltefolie abgedeckt mindestens 1 Stunde im Kühlschrank ruhen lassen.

Die Blüten in Wasser tauchen, vorsichtig abschütteln und auf ein Küchenkrepp zum Trocknen legen. Stiele, grüne Kelchblätter, Staubgefäße und Stempel abtrennen.

Den Ofen auf 175 °C (Ober-/Unterhitze) vorheizen. Den Teig auf einer bemehlten Arbeitsfläche 5 mm dick ausrollen und ausstechen. Auf ein mit Backpapier belegtes Backblech legen und 10 Minuten backen. Aus dem Ofen nehmen und kurz auskühlen lassen.

Die Kekse mit einem Pinsel mit Eiweiß bestreichen. Die trockenen Blüten auf den Keks legen und vorsichtig andrücken. Die Blüten mit einer dünnen Schicht Eiweiß komplett benetzen. Etwas Zucker darüberstreuen und weitere 5 Minuten backen. Aus dem Ofen nehmen und auf einem Kuchengitter auskühlen lassen.

MIT LIEBE GEBACKEN

Matcha-KEKSE

Mit individuellen Keksstempeln lassen sich ganz persönliche Leckereien zaubern. Vereint mit den zartesten und gleichzeitig knusprigsten Matcha-Keksen der Welt sind sie ein Geschenk, das von Herzen kommt.

Zutaten

Für ca. 35 Stück:

200 g Mehl

50 g gemahlene Mandeln (ohne Haut)

2 TL Matcha-Pulver

40 g Rohrohrzucker

1 Prise Salz

1 TL Vanilleextrakt

2 EL Agavendicksaft (alternativ Honig)

150 g kalte Butter

Das Mehl auf die Arbeitsplatte sieben, die Mandeln hinzugeben und in die Mitte eine Mulde drücken. In diese Matcha-Pulver, Zucker, Salz, Vanilleextrakt und Agavendicksaft geben und mit einer Gabel vermengen. Die Butter in Würfel schneiden und auf dem Rand verteilen. Alles gut mit einem Messer durchhacken, damit der Teig nicht zu schnell erwärmt wird. Anschließend mit den Händen zu einem glatten Teig verkneten. Den Teig flachdrücken und mit Frischhaltefolie abgedeckt mindestens 1 Stunde im Kühlschrank ruhen lassen.

Den Backofen auf 140 °C (Ober-/Unterhitze) vorheizen. Den Teig auf einer bemehlten Arbeitsfläche 3 mm dick ausrollen und ausstechen. Mit einem Keksstempel Motive auf die Kekse drücken; manchmal ist es hilfreich, den Stempel zwischendurch mit Mehl zu bestäuben, falls dieser zu sehr am Teig klebt. Auf ein mit Backpapier belegtes Backblech legen und etwa 10 Minuten backen. Aus dem Ofen nehmen und auf einem Kuchengitter auskühlen lassen.

HOME-MADE
MIT LIEBE GEBACKEN
MIT LIEBE GEBACKEN
FÜR DICH
FÜR DICH
HOME-MADE
MIT LIEBE GEBACKEN
WITH LOVE
FÜR DICH
FÜR DICH
ESPRESSO-COOKIES

Mit Liebe VERSCHENKEN

Hübsch verpackt sind Kekse das perfekte Mitbringsel für deine Lieben. Auf den folgenden Seiten verrate ich, wie du deine Kekskreationen wunderschön in Szene setzt. Mit Schleifenband, Papier & Co. zauberst du im Handumdrehen die schönsten Verpackungen für deine Kunstwerke. Und sorgst so für ein kleines Lächeln auf den Lippen jedes Keks-Liebhabers.

Keks UMSCHLÄGE

Kekse machen das Leben einfach süßer! Deshalb verschenke ich das kleine Glück gerne in diesen wunderhübschen Umschlägen.

Material

- Geschenkpapier
- Seidenpapier
- Schleifenband, optional
- Schere
- Stift
- doppelseitiges Klebeband

Die Umschlag-Vorlage von S. 92 kopieren, ausschneiden und als Vorlage verwenden.

Den ausgeschnittenen Umschlag auf die Rückseite des Geschenkpapiers legen und die Form aufzeichnen. Ausschneiden und die Ecken zur Mitte hin falten. Mit dem Seidenpapier ebenso verfahren.

Die Aufkleber von S. 90 kopieren, auf der Rückseite mit doppelseitigem Klebeband bekleben und ausschneiden.

Das ausgeschnittene Seidenpapier in einen Umschlag legen, einen Keks darauf platzieren, zufalten und mit einem Aufkleber mittig fixieren. Wer mag, legt vorher noch einen Streifen Schleifenband dazwischen. Dazu die Enden unter den Aufkleber legen.

HOME-
MADE
MIT LIEBE
GEBACKEN
FÜR
DICH
MIT LIEBE
GEBACKEN

kalte Butter
Die Schokobohnen aus dem Glas nehmen und beiseite
stellen.
Den Backofen auf 170 Grad vorheizen.

Espresso-Cookie im Glas – BACKMISCHUNG

Eine tolle Geschenkidee für Backqueens und -muffel zugleich: die Backmischung im Glas. Nur noch Butter hinzugeben und fertig ist der Teig.

Zutaten

Für ca. 30 Stück:

7 g Espresso- oder Kaffeebohnen

30 g Kakaopulver

2 TL Espressopulver (instant)

50 g Rohrohrzucker

¼ TL Zimt

1 Prise Kardamom

1 Prise Salz

½ TL gemahlene Vanilleschote (alternativ 1 Päckchen Bourbon-Vanillezucker)

140 g Speisestärke

80 g Mehl

40 Schoko-Kaffeebohnen

Die Espressobohnen in einen Gefrierbeutel geben und vorsichtig mit einem Nudelholz zerdrücken. Anschließend mit dem Kakao und dem Espressopulver vermischen.

Zucker mit Zimt, Kardamom, Salz und der Vanilleschote mischen.

Alle Zutaten wie folgt nacheinander in ein Glas schichten: Speisestärke, Kakaomischung, Mehl, Zuckermischung und zuletzt die Schoko-Kaffeebohnen auflegen.

Das Glas verschließen und hübsch dekorieren oder verpacken. Die Kopiervorlage des Rezepts findest du auf S. 91.

FÜR DICH
HOME-MADE

Cookie BAGS

Diese originelle Geschenkverpackungsidee ist ganz flott umgesetzt. Keks in einen Papierbeutel legen, umklappen, zunähen, Aufkleber drauf und fertig!

Material

Backpapier
Papierbeutel
farbiges Nähgarn
Nähmaschine oder Nähnadel
Aufkleber von S. 90
doppelseitiges Klebeband

Den Keks zwischen einen Backpapierstreifen legen, in einen kleinen Papierbeutel schieben, zufalten und mit der Nähmaschine zunähen.

Die Aufkleber auf dickeres Papier kopieren oder direkt ausdrucken. Auf der Rückseite mit doppelseitigem Klebeband bekleben und ausschneiden. Den Klebestreifen abziehen, auf die Beutel kleben und das kleine Keksglück verschenken.

Kopiervorlagen

Die Anhänger auf farbiges, dickeres Papier kopieren oder die Vorlage unter **www.emf-verlag.de/ Kekswerkstatt** downloaden und direkt ausdrucken. Dort gibt es auch weitere tolle Farb- und Textvarianten. Ausschneiden, lochen, ein hübsches Band durchfädeln und einem lieben Menschen eine Freude bereiten.

FÜR DICH
HOME-MADE
HOME-MADE
FÜR DICH
TEA-TIME
TEA-TIME
TEA-TIME
TEA-TIME
TEA-TIME
TEA-TIME
FÜR DICH
TEA-TIME
TEA-TIME
ESPRESSO-COOKIES
DAS BRAUCHST DU NOCH:
120 g kalte Butter
ZUBEREITUNG:
Die Schokobohnen aus dem Glas nehmen und beiseitestellen. Alle anderen Zutaten mit der Butter in eine Schüssel geben und mit den Knethaken des Rührgeräts zu einem glatten Teig verarbeiten. Die Schokobohnen hinzugeben und unterkneten. Anschließend mit den Händen nochmal kurz durchkneten.
Den Backofen auf 170 °C vorheizen. Aus dem Teig walnussgroße Kugeln formen und diese auf ein mit Backpapier belegtes Backblech legen. Etwas flachdrücken und ca. 12–15 Minuten backen.
Aus dem Ofen nehmen, kurz auf dem Backblech abkühlen lassen und auf einem Kuchengitter vollständig auskühlen lassen.
TEA-TIME
TEA-TIME

Keks-Schablonen

Die gewünschte Vorlage auf dickeres Papier kopieren oder auf eine Pappe übertragen und ausschneiden. Die Schablone auf den ausgerollten Teig legen und mit einem Messer an der Kontur entlangschneiden.

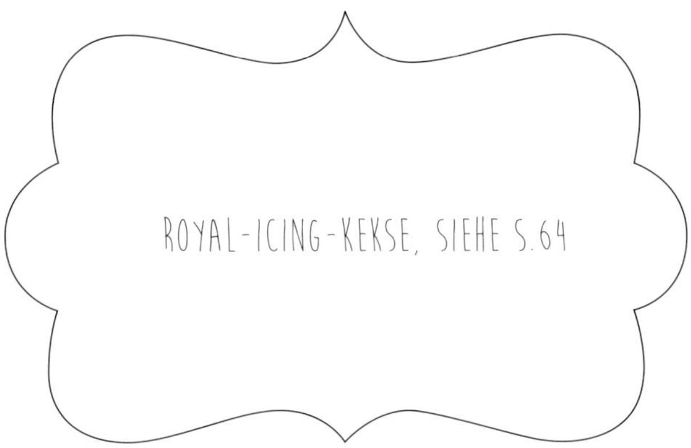

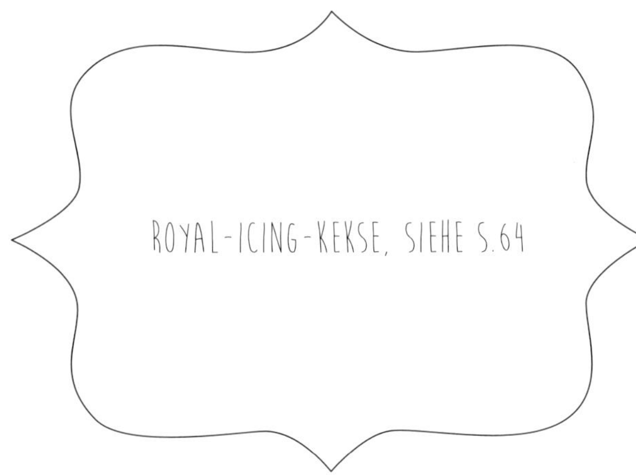

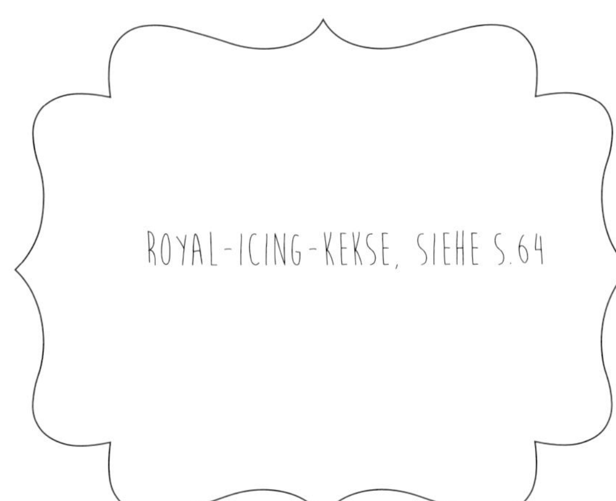

Diese und weitere Vorlagen findest du unter **www.emf-verlag.de/Kekswerkstatt** zum Downloaden.

Allgemeine Tipps

Kekse richtig aufbewahren

Besonders wichtig ist, dass die Kekse vor dem Verpacken völlig ausgekühlt sind.
Lagere jede Sorte in einer eigenen Dose, so bleibt das jeweilige Aroma am besten erhalten.

weiche Kekse ➳ Keramik- oder Plastikdosen

knusprige Kekse ➳ Blechdosen

Kekse mit Cremefüllung oder mit frischen Früchten ➳ Kühlschrank

Kekse mit Schokoguss ➳ NICHT in den Kühlschrank, da die Schokolade sonst grau wird.

Baisers ➳ Nach dem Auskühlen gleich in eine luftdichte Dose umfüllen, da sie rasch Feuchtigkeit ziehen.

Trockene Kekse halten sich verpackt und bei Zimmertemperatur aufbewahrt mindestens 4–6 Wochen.

Kekse mit frischem Obst, wie z. B. die Rhabarber-Kekse, im Kühlschrank aufbewahrt maximal 1 Woche.

Macarons mit Creme-Füllung sollten entweder sofort oder innerhalb eines Tages, im Kühlschrank aufbewahrt, verzehrt werden. Mit Kaffee-Ganache halten sich Macarons in einer Blechdose etwa 1 Woche.

Noch mehr Tipps

Jeder Ofen hat seine Eigenheiten und so können die Temperaturen je nach Herd variieren.

Alle Rezepte in diesem Buch, bis auf die Macarons, wurden bei Ober-/Unterhitze gebacken. Bei Verwendung von Umluft reduzierst du die Hitze um 20 °C. Bei einem Gasherd passt du die Temperatur den Einstellungen deines Herds an.

Den Backofen immer vorheizen, bevor die Kekse in den Ofen geschoben werden.

Klassischen Mürbeteig (außer wenn er sofort weiterverarbeitet wird) mindestens 1 Stunde kalt stellen. Somit wird der Teig beim Ausstechen nicht zu schnell weich und lässt sich besser ausstechen. Man kann diesen aber auch wunderbar über Nacht im Kühlschrank durchkühlen lassen. Ausgestochene Kekse stelle ich erneut für mindestens 1 Stunde in den Kühlschrank, so behalten sie beim Backen besser ihre Form. Umso länger man sie kühlt, umso klarer die Form nach dem Backen.

Um einen knusprigen Boden zu garantieren, die Kekse kurz auf dem Backblech abkühlen lassen und auf einem Kuchengitter vollständig erkalten lassen.

Register

Danksagung

Mein erstes Buch! Wow, was für ein Gefühl! Ich möchte mich bei allen bedanken, die mich in dieser Zeit des Backwahns so liebevoll unterstützt haben. Allen voran meiner Lektorin Annika und der Edition Michael Fischer für die Idee zu diesem tollen Buch. Danke für euer Vertrauen, dieses Büchlein mit mir umzusetzen. Meinem Liebsten, für deine unendliche Geduld im ganzen Chaos der letzten Monate und das Ertragen des süßen Keksdufts, der Tag und Nacht durchs Haus zog. Ich verspreche dir, die nächsten Wochen hüpft hier nur noch Herzhaftes aus dem Ofen. Danke, dass du immer für mich da bist und an mich glaubst. Und mich in Zeiten, wenn alles schief geht, immer wieder zum Lachen bringst. Meiner Familie und meinen Freunden, die so tapfer beim Keksetesten durchgehalten haben. Es tut mir leid, dass es mit eurer Bikinifigur dieses Jahr nichts wird. Und meinen Eltern, die mir die Leidenschaft zum Backen in die Wiege gelegt haben. Ein ganz dickes Dankeschön geht an mein allerliebstes Handmodell, ich bin so froh, dich als Freundin zu haben. Danke Tina! Reinhard, dass du mir dabei geholfen hast, dass ganz besondere Zutaten den Weg in unser kleines Städtchen finden. Und an Janine, die meine Sätze so wunderbar vollendet. Und schlussendlich an meinen monsieurmuffin, ohne dich wäre das alles nicht möglich geworden. Danke!

Ein großer Dank geht an folgende Partner, die mich mit den wunderschönsten Accessoires und besonderen Zutaten unterstützt haben.

Individuelle Keksstempel kann man im Shop von Casa di Falcone bestellen oder sich nach Wunsch gestalten lassen. Hier findet man auch allerhand Verpackungsmaterial: **www.casa-di-falcone.de**

Alles rund ums Backen, wie Ausstechförmchen, Lebensmittelfarben & Co. gibt es von **Städter**. Städter-Produkte erhältst du im gut sortierten Hauswaren-Fachhandel oder unter **www.tortissimo.de**

Die schönsten Stempel findet man bei **www.perlenfischerdesign.de**

Die Adresse für feinstes Garn zum Verpacken ist **www.garn-und-mehr.de**

Wer seine Kekse passend präsentieren möchte, findet wunderschönste Accessoires im Shop von **www.nostalgieimkinderzimmer.de**

Individuelles Esspapier kann man im Shop von essbare Worte drucken lassen: **www.essbare-worte.de**

Die feinsten und außergewöhnlichsten Gewürze gibt es bei **www.pure-gewuerze.de**

Kokosblütenzucker und -öl findest du bei **www.kulau.de**

Die Autorin

Jennifer Friedrich liebt die süßen Dinge dieser Welt. Wenn sie nicht gerade mehlbestäubt in der Küche steht und die leckersten Kuchen aus ihrem Ofen hüpfen, arbeitet sie als Grafikerin. Seit nun mehr zwei Jahren teilt sie ihre süße Leidenschaft auf ihrem Blog **www.monsieurmuffin.de** und verzaubert ihre Leser mit kreativen Ideen, köstlichen Rezepten und unwiderstehlichen Bildern.